LIEBE DEIN LEBEN

Keine Furcht vor dem Leben haben und mutig Neuland betreten!

AF210954

Dr. med. Hedwig Uecker Geischläger

Dr. med. Hedwig Uecker Geischläger

Liebe dein Leben – Keine Furcht vor dem Leben haben und
mutig Neuland betreten!

Bibliografische Information der Deutschen
Nationalbibliothek:
Die Deutsche Nationalbibliothek verzeichnet diese Publikation
in der Deutschen Nationalbibliografie; detaillierte bibliografische Daten sind im Internet über www.dnb.de abrufbar.

ISBN: 9783759761538 (Hardcover)
ISBN: 978-3-7693-1675-9 (Paperback)
© 2024

Alle Rechte vorbehalten!

WWW.GHOSTWRITER-BUCHAUTOR.COM

Konzept und Inhalte: Dr. Uecker Geischläger
Buchmanuskript - Covergestaltung: Alois Gmeiner
Gesamtlayout, Grafik, KI-Fotos: Alois Gmeiner
StockFotos: Freepik
Foto S.5: ©Dompfarre.info/Suzy Stöckl

Verlag: BoD · Books on Demand GmbH, In de Tarpen 42,

Druck: Libri 763 Hamburg

MIX
Papier aus verantwortungsvollen Quellen
Paper from responsible sources
FSC
www.fsc.org
FSC® C105338

Inhalt

Vorwort
von Dompfarrer
Toni Faber

Dr. Hedwig Ücker-Geischläger ist beruflich profiliert und reich an Lebenserfahrung. Als Ärztin und Psychotherapeutin ist sie bestens vertraut mit Verletzungen an Leib und Seele. Das durfte ich bei gemeinsamen Seminaren der Dompfarre St. Stephan mit der Charismatischen Gebetsrunde, bei denen Frau Dr. Ücker-Geischläger als Referentin und Seelsorgerin tätig war, oftmals erleben.

Geht es um den Menschen, ist ein eindimensionaler Blick selten hilfreich; viel zu komplex sind wir geschaffen: Körper, Seele, Geist, Einflüsse aus Familie und Umwelt – erst alles im Zusammenwirken macht uns zu den originellen Personen, die wir sind. Das ist einerseits ein Geschenk, andererseits eine Herausforderung, da es keine einfachen und allgemeingültigen Lösungen gibt. Jeder Mensch ist in seinem Sein und Erleben originell und deshalb individuell wahrzunehmen und je nach Lebenssituation zu behandeln.

Der Glaube kann für christliche Menschen eine zentrale Quelle der Lebensfreude und der Sinnerfüllung sein. Er möchte ebenso hilfreich sein bei der Bewältigung von Leid und Not, Trauer und Krankheit. Hier schlägt die Allgemeinmedizinerin und Psychoanalytikerin wichtige Brücken: Träume, heilende Worte, Zuversicht, helle, lichtvolle Gedanken – all dies sind zentrale, spannende Elemente der christlichen Spiritualität, die mithelfen können, Linderung und Heilung zu bewirken, seelische Knoten zu lösen und körperliche Schmerzen zu lindern.

Zum Licht kommen, mit Freude ernten, Träume als Boten Gottes sehen, das gelingt vielen besser, wenn diese Haltungen entsprechend angeleitet, eingeübt und unterstützt werden. Die Erfahrung und das Wissen von Frau Dr. Ücker-Geischläger haben bisher schon vielen Menschen helfen können, ihre Sicht auf sich und auf Situationen besser zu verstehen.

„Glaube und Psychotherapie", so der Titel dieser Buchreihe, ist die Verschriftlichung dessen, was in den Seminaren hörbar war. Das Lesen ermöglicht eine Verinnerlichung, die durchs Zuhören allein oft nicht erzielt werden kann.

So bin ich dankbar für die Mühe, die in dieses Buchprojekt investiert worden ist. Erkenntnisse der Psychotherapie sind hier mit Aussagen der Bibel und der Religion in Verbindung gebracht, mit dem Ziel, dass sich die Leserschaft in der eigenen Haut wohler fühlt, Dankbarkeit für das eigene Leben empfinden und Verfestigung im Glauben erleben kann.

In tiefer Dankbarkeit für das gemeinsame Arbeiten in der Erneuerung und Vertiefung der Heilung an Leib und Seele wünsche ich den geschätzten Leserinnen und Lesern die Berührung des Heiligen Geistes, die ich oft genug selbst bei den Vorträgen von Frau Dr. Ücker-Geischläger wahrgenommen habe.

Dompfarrer Toni Faber

Unser Wiener Stephansdom in seiner
ganzen Pracht! www.stephansdom.at

Nehmt Neuland unter den Pflug

Wir sind es nicht mehr gewohnt, solche altmodischen Zitate zu interpretieren. Was bedeutet es – Neuland unter den Pflug zu nehmen?

Es ist ein Bibelzitat:
„Nehmt Neuland unter den Pflug! Es ist Zeit, den Herrn zu suchen; dann wird er kommen und euch mit Heil überschütten"
(Hos 10,12)

Es hat nichts mit Landwirtschaft zu tun. In einer Welt, die oft von Unsicherheiten und Herausforderungen geprägt ist, bietet uns dieser Bibelspruch aus Hosea 10,12 eine kraftvolle Botschaft und starke Symbolik der Hoffnung und Erneuerung. Als religiös orientierte und dennoch der Schulmedizin und damit auch der klassischen Psychotherapie verpflichtete Ärztin möchte ich Ihnen helfen, die tiefere Bedeutung dieses Verses zu verstehen und wie er auf unser eigenes Leben angewendet werden kann.

Der Aufruf, „Neuland unter den Pflug" zu nehmen, bedeutet einfach MUT ZU HABEN! Symbolisiert die Bereitschaft, neue Wege zu beschreiten und Veränderungen in unserem Leben zuzulassen. Es ist eine Einladung, die alten, festgefahrenen Muster zu durchbrechen und sich auf eine Reise der persönlichen und spirituellen Erneuerung zu begeben.

In der Landwirtschaft bedeutet das Pflügen, den Boden für eine neue Saat vorzubereiten. Ähnlich können wir auch unser Leben aus dieser psychologischen Warte betrachten: Wir bereiten unser Herz und unseren Geist darauf vor, neue Samen der Hoffnung, des Glaubens und der Heilung zu empfangen.

„Es ist Zeit, den Herrn zu suchen" – dieser Teil des Verses erinnert uns daran, dass es nie zu spät ist, sich auf die Suche nach Gott zu machen. In Zeiten der Not und des Zweifels kann der Glaube eine Quelle der Stärke und des Trostes sein. Indem wir uns bewusst Zeit nehmen, um in Gebet und Meditation zu gehen, öffnen wir unser Herz für die göttliche Führung und Weisheit. Diese Suche nach dem Herrn ist ein Akt der Hingabe und des Vertrauens, dass Gott uns auf unserem Weg begleiten und unterstützen wird.

Der letzte Teil des Verses, *„dann wird er kommen und euch mit Heil überschütten"*, verspricht uns, dass unsere Bemühungen und unser Glaube nicht vergeblich sind. Gott wird uns mit Heil überschütten – das bedeutet, dass wir nicht nur körperliche, sondern auch seelische und geistige Heilung erfahren werden. Dieses Heil ist ein Geschenk, das uns Frieden, Freude und ein tieferes Verständnis unserer selbst und unserer Beziehung zu Gott bringt.

In meiner Arbeit als Psychotherapeutin habe ich immer wieder erlebt, wie Menschen in ihren alten Mustern gefangen sind und Schwierigkeiten haben, Veränderungen zuzulassen. Dieser Bibelspruch ermutigt uns daher, den ersten Schritt zu wagen und uns auf die Reise der Erneuerung zu begeben. Es ist ein Prozess, der Mut und Vertrauen erfordert, aber die Belohnungen sind unermesslich.

Lassen Sie uns also gemeinsam Neuland unter den Pflug nehmen und neue Saat ausstreuen, um unser Leben freudvoller zu machen und durch unser Tun reiche Ernte einzufahren. Lassen Sie uns offen sein für die Heilung und die Segnungen, die Gott für uns bereithält.

In den folgenden Kapiteln dieses Buches werden wir tiefer in die verschiedenen Aspekte dieses Verses eintauchen und praktische Wege erkunden, wie wir diese Weisheit in unserem täglichen Leben anwenden können. Möge dieser Weg uns zu einem Leben voller Frieden, Freude und göttlicher Führung führen. Denn:

DAS LEBEN
KANN SO SCHÖN SEIN!

Liebe dein Leben – denn die Seele ist ein „weites Land"

Wer sein Leben lieben will, muss bei sich anfangen. In der Seele liegt das Fundament allen menschlichen Lebens, das mehr ist als eine beziehungslose Gegebenheit des endlichen Seins ... und nicht der Verstand alleine öffnet uns den Zugang zum Innersten der Seele sondern das „dunkle Licht" des Glaubens. Das Innerste der Seele ist etwas Geistiges, das die Grenzen der Materie übersteigt und von innen her das ganze Leben trägt und gestaltet.

Unsere Seele begleitet uns während unseres gesamten Lebens, ebenso wie Christus, der nach seinen eigenen Worten in uns wohnt.

Bevor wir uns mit Neuland beschäftigen, bin ich für eine Bestandaufnahme des alten Landes. Dieses Land möchte ich mir mit Ihnen genauer ansehen.

Welches Bild haben wir von der Seele?
Was ist für uns Seelsorge? Ein Seelsorger?

Sorgen wir uns selbst auch um unsere Seele? Was wissen oder fühlen wir über diese unsere Seele?

Viele von Ihnen werden den Satz von Arthur Schnitzler oder vielleicht sogar das ganze Stück kennen: „Die Seele ist ein weites Land". Ja, wir können uns tatsächlich die Seele als ein großes teils unbekanntes Land vorstellen.

Ich möchte es so formulieren: In unserer Seele ist ein weites Land, dort findet sich auch eine „Seelenburg", wie die Hl. Theresa sie nennt. Edith Stein spricht vom „verschlossenen Garten der Seele" und Friedrich Nietzsche spricht von „Altären", die er in seiner Seele „dem unbekannten Gott" geweiht hat.

Die Theologen verstehen unter Seele etwas vollkommen anderes als der sogenannte moderne Atheist. Die Psychologen sind sich nicht ganz einig, was das ist: die Seele.

Lassen wir Edith Stein zu Wort kommen: *„Außer Zweifel steht jedoch, dass das Innerste der Seele etwas Geistiges ist.*

Etwas, das die Grenzen der Materie übersteigt und 'von Innen her' das ganze Leben trägt und gestaltet... Daher ist das Zu-sich-selbst-kommen und Gott-finden eine einzige Realität... Wer Gott nicht findet, der gelangt auch nicht zu sich selbst... Das Innerste der Seele wird so zur Wohnung Gottes, wo Gott von der Seele erkannt und geliebt werden kann, und wo die Seele ihre Bestimmung zum ewigen Sein spürt... Selbsterkenntnis – Gotteserkenntnis: Die eine setzt die andere voraus." (Vgl. Andrés Bejas, in: Gertrude und Thomas Sartory, Handeln aus dem Geist: Texte zum Nachdenken, Herder 1987)

Wie kann man Selbsterkenntnis und somit Gotteserkenntnis erreichen?

Die Antwort Edith Steins ist eindeutig. Nicht der Verstand alleine kann den Zugang zum Innersten der Seele öffnen, sondern das „dunkle Licht" des Glaubens. Zu dem „verschlossenen Garten der Seele" gelangen wir am besten und am tiefsten über den Weg des Glaubens.

Wer nun nicht so glauben kann wie Edith Stein wendet sich an Seelsorger oder Seelenärzte, wie Psychiater fallweise genannt werden. Der bekannte Wiener Psychiater Viktor Frankl betitelt eines seiner Bücher „Ärztliche Seelsorge" – noch immer sehr lesenswert. Seine Schülerin Elisabeth Lukas schrieb ein Buch mit dem Titel „Psychologische Seelsorge" und dem Untertitel „Logotherapie – die Wende zu einer menschenwürdigen Psychologie".

Der Psychiater und Analytiker der Schule Adlers, Erwin Ringel, beschrieb „Die Österreichische Seele" nicht sehr freundlich, aber zur kritischen Auseinandersetzung bezüglich Selbsterkenntnis sicher lesenswert. Das

Beste in diesem Buch für uns Christen ist wohl der Schluss, wo er Theodor Fontane zitiert: *„Der große Zug der Zeit ist Abfall. Aber man hat es geradezu satt, die Welt sehnt sich wieder, sie dürstet nach Wiederherstellung des Idealen, jeder kann es jeden Tag hören und es ist ernst gemeint. Seht, der Wind dreht sich, die alten Götter leben noch. Das Christentum ist nicht tot, es steckt uns unvertilgbar im Geblüt und wir haben uns nur darauf zu besinnen. Jeder der sich prüft, wird einen Rest davon in sich entdecken, und diese Reste müssen Keine zu neuem Leben werden."*

An dieses Zitat schließt Ringel eigene Gedanken an: *„Unsere Herzen und unser Kopf, ja unser ganzer Körper sollte wieder mehr oder neu beseelt werden. Wir Psychologen wissen zwar nicht genau, was unsere Seele ist, aber wir merken ganz genau, dass der andere eine Seele hat, zumindest bei manchen merken wir das. Auch wenn wir von 'etwas beseelt sind', dann spüren wir das genau. Beseelt spüren wir als belebt!*

Ja, ich wünsche mir 'belebte' Christen! Jeder Wiederbelebungsversuch kann erfolgreich sein, ich selber habe etliche Wiederbelebungen hinter mir und bin sehr dankbar dafür, mit jeder Wiederbelebung wird das Leben sinnvoller, wird das Leben reicher und leichter." (Erwin Ringel, Die österreichische Seele, Kremayr & Scheriau 2005)

„Der Geist ist es, der lebendig macht" heißt es in der Hl. Schrift. Unsere Seele hat also etwas mit Geist zu tun!

Aristoteles unterschied zwischen Geist-Seele und Leib-Seele, das ist nach wie vor ein Bild, das zum Verständnis unserer Seele beitragen kann. Leib-Seele ist unser unwillkürliches Nervensystem. Dass mein Herz schlägt, dass ich auch nachts atme, dass meine Verdauung funktioniert, der Blutdruck geregelt wird, das ist Ausdruck der Leibseele.

Beim Blutdruck können wir das gut beobachten, wie er unserem Willen nicht unterworfen ist und doch beeinflussbar – wir können uns entspannen und wir können beten, aber den wenigsten gelingt es, damit den Blutdruck zu normalisieren. Ich denke, weil der hohe Blutdruck uns eine Botschaft der Leib-Seele übermitteln möchte. Welche Botschaft, das sollte jeder persönlich herausfinden.

Wenn Sie an hohem Blutdruck leiden, könnten Sie sich z. B. fragen: Bin ich gestresst, körperlich oder seelisch? Was oder wer verursacht den Stress? Wie kann ich besser damit umgehen, oder brauche ich vielleicht zu manchen Dingen eine andere Einstellung, damit ich stessfreier leben kann?

Der Begründer der Analytischen Psychologie C.G. Jung bezeichnet die Seele als die bewegende Kraft, wohl Lebenskraft.

In der heutigen Psychologie bedeutet die „Unsterblichkeit der Seele" dem Zeitgeist entsprechend nicht viel oder gar nichts. Auch wenn wir die Wirklichkeit der Seele nur erfühlen oder erahnen können, die Seele wirkt und weil sie wirkt, ist sie wirklich, Wirklichkeit.

„Das Psychische (Seelische e. A.) ist eine Großmacht, das alle Mächte der Erde um ein Vielfaches übersteigt." (C.G. Jung, Ges. W. XVII, S. 201)

Diese „Großmacht" wird von der neueren Hirnforschung bestätigt. Dazu eine kleine Erzählung, die ich in einer Predigt in der Kapuzinerkirche hörte:

Ein Sohn erzählte seinem Vater, dass er in sich zwei Wölfe spüre, der eine ist wild und sehr aggressiv und der andere Wolf ist ganz anders, ruhig, beschützend und freundlich. Der Sohn fragte: „Was meinst du Vater,

welcher wird bei mir die Oberhand gewinnen?" Der Vater antwortete: „Der Wolf,
den du am meisten fütterst, wird die Oberhand gewinnen."

Da lande ich wieder bei der Hirnforschung,
die genau das bestätigt: Was wir häufig
denken, hören, sehen, sagen und tun, das
verstärkt die neuronalen Netze, die dafür
verantwortlich sind, sodass diese so fest
verdrahtet sind oder wie auf einer Autobahn
sehr schnell weiterkommen.

Wie beten wir? *„Herr, ich habe gesündigt,
in Gedanken, Worten und Werken."* Wir
sind für unsere Gedanken, Worte und Werke
verantwortlich, bestimmen sie doch unseren
weiteren Lebensweg.

In der Heiligen Schrift steht, „unnütze
Worte" und böse, herabsetzende, kränkende
Worte sind die unnützesten Worte. Sie sind
alle lebensfeindlich. Hass, Neid, Falschheit,
Verlogenheit, Nicht-Verzeihen-Wollen, usw.
– sie alle sind Haltungen und Einstellungen,
die den Menschen nicht glücklich machen
können und ihm die positiven geistigen
Wege versperren. So wollen wir uns fragen:

Was also ist in unserer Seele weitem Land?
Wovon wird dieses Land beherrscht?

Die große Hl. Theresa v. Avila beschreibt
ihre Seele als Kristall, als eine Burg mit
sieben Wohnungen. Im Zentrum der Seele
ist Gott, wie eine Sonne, die den Kristall mit

der Burg hell erleuchtet. Theresa ist erschüttert, dass der Mensch, in eigenartiger Verkennung seiner Würde, weder von Gott noch von seiner Seele etwas wissen will. In unbegreiflicher Trägheit gibt er sich mit den äußeren Dingen (= Ringmauer der Burg) zufrieden, ohne die Herrlichkeit Gottes noch die Schönheit und Größe seiner Seele zu bedenken.

Wörtlich schreibt Theresa: *„Nicht wenig Elend und Verwirrung kommen daher, dass wir durch eigene Schuld uns selber nicht verstehen und nicht wissen wer wir sind. Ist dies nicht eine schreckliche Unwissenheit ... wenn jemand keine Antwort wüsste auf die Frage, wer er ist, wer seine Eltern sind und aus welchem Lande er stammt. Wäre dies schon ein Zeichen groben Unverstands, so herrschte in uns ein noch unvergleichlich schlimmerer Stumpfsinn, wenn wir uns nicht darum kümmerten zu erfahren, was wir sind, sondern uns mit dem Körper zufrieden gäben ... und nur so obenhin ... weil der Glaube es uns lehrt, davon wüssten, dass wir eine Seele haben.*

Aber welche Güter diese Seele in sich birgt, wer in ihr wohnt und welch großen Wert sie hat, das bedenken wir selten, und darum ist man so wenig darauf bedacht, ihre Schönheit mit aller Sorgfalt zu bewahren. All unsere Achtsamkeit gilt der rohen Einfassung, der Ringmauer dieser Burg, das heißt, dem Körper.

Kann es etwas Schlimmeres geben, als dass wir uns in unserem eigenen Haus nicht zurechtfinden? Wie können wir hoffen, in anderen Häusern Ruhe zu finden, wenn wir sie im eigenen nicht zu finden vermögen?" (Waltraud Herbstrith, Teresa von Avila, Verlag Gerhard Kaffke, S. 44 ff)

Dass wir unsere Seele auch als Garten sehen können, habe ich schon erwähnt. Im Buch von Edith Stein „Im verschlossenen Garten der Seele" können Sie darüber nachlesen.

Die Suche nach einem Ausgang – einem Sinn –
oftmals eine echte Lebensaufgabe!

Meditation:
Meine Seelenlandschaft

Nun möchte ich eine Meditation vor-
schlagen, in der Sie Ihren Blick ganz nach
innen richten und Verbindung aufnehmen
mit ihrer Seele und dem Herrn, der in Ihrer
Seele wohnt.

Bereiten Sie sich dazu Stift und Papier vor
und wählen Sie einen ruhigen Ort, an dem
Sie sich wohlfühlen.

Bitte achten Sie auf sich: Wer psychische
Probleme hat bzw. psychisch krank ist,
möge die Meditation eher nicht machen
oder abbrechen, wenn Sie sich verunsichert
fühlen, und zur Stabilisierung Rosenkranz
beten.

Schritt 1

Setzen Sie sich bequem hin, entspannen Sie
sich, schließen Sie die Augen und versuchen
Sie, in Ihr Inneres zu blicken, Ihrer Seele
nachzuspüren.

Fragen Sie sich:

- Wie spürt sich Ihre Seele an?
- Welche Vorstellung haben Sie? Wie die Hl. Theresa oder geht es dort zu wie bei Schnitzler?
- Stellen Sie sich einfach ein Haus vor, gehen Sie in dieses Haus, wie immer es aussieht, hinein und erforschen Sie es. Ist es Neuland für Sie?
- Anschließend gehen Sie in den Garten und sehen sich diesen an. Wie groß ist er? Ist er überschaubar oder riesig? Gepflegt, ungepflegt, verwildert, sandig, steinig, sumpfig, frostig, schlammig? Kurzes oder langes Gras? Mit oder ohne Blumen, welche Blumen?
- Gibt es auch Bäume oder Sträucher im Garten, ist es vielleicht wie ein Park oder eher wie eine Steppenlandschaft?
- Sehen Sie sich alles genau an, versuchen Sie es sich einzuprägen, damit Sie es anschließend niederschreiben können.

Viellicht haben Sie nur ahnungsvoll etwas wahrgenommen, es ist ja die erste Übung, bleiben Sie bei Ihrer Ahnung.

Schritt 2

Nun machen Sie sich auf dem vorbereiteten Zettel einige Notizen, was Sie gesehen oder erlebt haben.

Schritt 3

Als Abschluss nehmen Sie die Entspannung zurück, indem so rasch als möglich aufstehen und tief durchatmen.

Zur Vertiefung

Es wäre günstig, wenn Sie Ihre Aufzeichnungen nochmals durchsehen und eventuell ergänzen.

Wer besonders profitieren möchte von dieser Meditation könnte das Vorgestellte malen, am besten mit gewöhnlichen Schulfarben oder Buntstiften, es darf aber auch Filzstift etc. sein.

Sie können die Übung wiederholen, zum Beispiel am Abend vor dem Schlafengehen, und Ihre Ahnungen und Vorstellungen ausbauen und konkretisieren.

Innere Bilder unserer Seele

Sie haben in der Meditation ein inneres Bild unserer Seele entstehen lassen. Ich möchte kurz über die Bedeutung solcher innerer Bilder für uns sprechen.

Was ist ein inneres Bild?

Ein inneres Bild ist ein Vorstellungsbild, also etwas, was ich mir vorstellen kann:

1. aus bereits in der Kindheit entstandenen Eindrücken
2. aus eigenen bewussten Erfahrungen, Gelerntes, Gehörtes, Gesehenes von den Eltern oder anderen Erziehungsberechtigten, Lehrern
3. eine große Rolle spielen all unsere Vorbilder, deren Worte und Taten
4. Archetypische Bilder, ein Begriff des Psychoanalytikers C.G. Jung, und er versteht darunter „eine der menschlichen Seele innewohnende Struktur", die als innere Erscheinungsbilder zum Ausdruck kommen, z. B. Vater, Mutter, Kind, Gottesbilder, die nicht aus eigener Erfahrung entstanden sind. Die

Archetypen sind unsichtbare und unanschauliche Wirkfaktoren im Unbewussten des Menschen. Es sind gleichsam Bereitschaftssysteme, die das seelische Erleben anordnen und bewirken und die Erscheinungsbilder strukturieren. (Vgl. auch Lexikon Jungscher Grundbegriffe, Walter Verlag)

„Die Macht der inneren Bilder" bezeichnet der Neurobiologe Gerald Hüther eines seiner interessanten Bücher. Übrigens, Hüther war es auch, der am Beginn eines seiner zahlreichen Vorträge über das menschliche Gehirn sagte: *„Ich mache Sie darauf aufmerksam, dass am Ende dieses Vortrages Ihr Gehirn nicht mehr dasselbe sein wird wie jetzt am Beginn."*

Nun zurück zu den für unser Leben besonders wichtigen Vorstellungsbildern.

Die Bedeutung innerer Bilder: Selbstbild, Menschenbild, Weltbild

Zuerst einmal geht es um wichtige, für unser Leben wichtige Bilder.

1. **Selbstbild:** Welches Bild habe ich von mir selbst? Wer bin ich (und wie Kardinal König sagte, woher komme ich, wohin gehe ich)? Welche Bilder steigen da in mir auf, welche Gedankenbilder?

2. **Menschenbild:** Welches Bild vom Menschen ganz allgemein habe ich? Ist er nichts anderes als ein Tier, das durch die Evolution oder dem Urknall entstand? Ein Affe vielleicht? Oder ist mein Menschenbild eines von Gott erschaffenen Menschen mit Ebenbildlichkeit Gottes ausgestattet, nur „wenig unter die Engel gestellt", wie es die Schrift formuliert?

3. **Weltbild:** Welches Weltbild habe ich? Ist es eine von Gott geschaffene Welt, für die ich auch verantwortlich bin?

Solche Bilder bestimmen unser Denken, Handeln und Fühlen. Dazu Hüther:

„Wie die Hirnforscher in den letzten Jahren zeigen konnten, ist die Art und Weise, wie ein Mensch denkt, fühlt und handelt, ausschlaggebend dafür, welche Nervenzellverschaltungen in seinem Gehirn stabilisiert und ausgebaut und welche durch unzureichende Nutzung gelockert und aufgelöst werden. Deshalb ist es alles andere als belanglos, wie die inneren Bilder beschaffen sind, die sich ein Mensch von sich selbst macht, von seinen Beziehungen zu anderen und zu der ihn umgebenden Welt, und nicht zuletzt von seiner eigenen Fähigkeit, sein Leben nach seinen Vorstellungen zu gestalten." (Gerald Hüther, Die Macht der inneren Bilder, S. 9)

Von der Beschaffenheit dieser einmal entstandenen inneren Bilder hängt es ab, wie und wofür ein Mensch sein Gehirn benutzt und welche (neuronalen und synaptischen) Verschaltungen deshalb in seinem Gehirn gebahnt und gefestigt werden.

Es gibt innere Bilder, die Menschen dazu bringen, sich immer wieder zu öffnen, Neues zu entdecken und gemeinsam mit anderen nach Lösungen zu suchen. Es gibt aber auch innere Bilder, die Angst machen und einen Menschen zwingen, sich vor der Welt zu verschließen. Es gibt Bilder, aus denen Menschen Mut, Ausdauer und Zuversicht schöpfen, und es gibt solche, die Menschen in Hoffnungslosigkeit, Resignation und Verzweiflung stürzen lassen.

Das heißt unter anderem, je nachdem womit wir uns hauptsächlich beschäftigen, werden Menschen zu Dichtern, Komponisten, Erfindern, bringen hervorragende Leistungen in Medizin oder Naturwissenschaft oder aber sind allseits gebildet und handwerklich tuchtig wie viele Hausfrauen und Hausmänner, die nicht nur kochen und Kinder erziehen können, sondern aus vielen

Lebensbereichen Wissen und Handlungs-
kompetenzen haben.

Überprüfung unserer Einstellungen, Gedanken und Gedankenmuster

Warum aber haben Menschen, die viel guten Willen haben, manchmal so viele Probleme, die das Zusammenleben so schwer machen?

Hüther meint dazu, dass das, *„was nicht so recht zusammenpasst, nicht die Menschen sind, sondern die zum Teil recht unterschiedlichen, oft sogar sehr widersprüchlichen und gänzlich unvereinbaren Vorstellungen und Überzeugungen, die sie im Kopf haben."* (Vgl. Gerald Hüther, Die Macht der inneren Bilder, S. 15)

Nun, und das ist ganz wichtig, die jeweiligen Vorstellungen sind mit verschiedenen Gefühlen verbunden. Überspitzt formuliert, jeder hat anders fühlen gelernt über die verschiedensten Dinge.

Sie kennen vielleicht den Volksspruch: *„Des einen Uhu ist des anderen Nachtigall."* Was bei dem einen Menschen Freude auslöst, kann beim andern Schrecken verursachen.

Ein Beispiel: Erika hört ein Flugzeug und erschrickt, spürt Angst und Beklemmung, Sabine hört ein Flugzeug, schaut gen Himmel, ein Gefühl von Freude überkommt sie. Warum reagiert Erika so ganz anders?

Erika erzählt in einer Autogenen Gruppenpsychotherapie ihr Problem, dass sie eben jedes Mal, wenn sie ein Flugzeug hört, Panikgefühle und Beklemmung bekommt, sie möchte den Grund wissen. In der Autogenen Psychotherapie (früher auch nur Autogenes Training genannt) entspannen wir uns so tief, dass längst vergessene aber bedeutsame Ereignisse wieder aktiviert werden können und damit verarbeitet werden.

Unter der Anleitung „vor meinem inneren Auge entwickelt sich ein Bild, ich höre ein Flugzeug und habe große Angst", erinnert sich Erika plötzlich, dass sie an der Hand ihrer Mutter über eine Brücke gehen will, sie ist ungefähr 3 Jahre alt, es ist die Zeit gegen Kriegsende. Als Erika mit ihrer

Mutter sich der Brücke nähert, hört sie Flugzeuglärm, in diesem Augenblick wird sie von ihrer Mutter hochgenommen und fest gedrückt und die Mutter wirft sich mit ihr in den Straßengraben. Ein fürchterliches Getöse, Krachen, neben ihnen fallen schwere Trümmer zu Boden, dann Totenstille. Die zitternde Mutter weint und drückt Erika ängstlich an sich. Die Brücke gibt es nicht mehr, sie war gesprengt worden und beide sind knapp dem Tode entgangen.

Sabine erzählt, sie ist immer glücklich, wenn sie Fluglärm hört. Sabine ist wesentlich jünger als Erika, kennt Kriegserlebnisse nicht einmal von ihrer Großmutter, aber sie ist schon einige Male mit den Eltern und voriges Jahr als Hochzeitsreise ans Meer geflogen, sie war jedes Mal wohl aufgeregt aber glücklich aufgeregt, hat nur gute Erinnerungen ans Fliegen.

Erika kann übrigens nach mehrmaligem Durcharbeiten dieses schrecklichen Erlebnisses nun ohne Angst, mit großer Dankbarkeit zum Himmel schauen und dankt Gott, dass sie noch lebt.

Was heißt das für uns? Erika hat tief ge-
pflügt in ihrem Inneren und das damals so
Belastende neu bewertet: Gott hat mich und
meine Mutter beschützt, ich will IHM jedes
Mal, wenn ich ein Flugzeug höre, für diesen
Schutz danken und mich freuen, dass ich
leben darf.

Mit unseren Emotionen bewerten wir die Ereignisse. Um die Emotionen ändern zu können, ist es nötig, genauer hinzuschauen, ob unsere Bewertung der Wirklichkeit entspricht. Ist das, was mich bewegt, Realität oder Gefühl?

Meist reagieren wir auf unsere inneren Bilder. Unsere Vorstellungen, die wir von den verschiedensten Dingen haben und wie wir sie bewerten bewirken unsere Emotionen.

Ein Beispiel: Franz kommt später von der Arbeit nach Hause als sonst. Elfriede hat schon auf ihren Mann gewartet. Sie denkt, wo bleibt er nur so lange, warum kommt er so spät, liegt ihm nichts mehr an mir – und schon ist ein tiefes Gefühl von Traurigkeit vorhanden.

Wenn Elfriede sich nun fragt, ist das die Realität, dass er mich nicht mehr mag, und sich sagen kann, nein, das ist meine Fantasie auf Grund meiner Erfahrung als Kind ... dann wird zwar die Traurigkeit nicht gleich verschwinden, jedoch wird sie, wenn Franz

endlich kommt, müde, abgespannt, erho-
lungsbedürftig, ihm liebevoll sagen können,
wie froh sie ist, dass er jetzt da ist, und
versuchen aufmerksam zu sein und ihre
Traurigkeit wird weg sein.

Im anderen Fall gibt es großen Familien-
streit, Frust und Traurigkeit, Ärger und Wut.

Überprüfung unseres inneren Dialogs

Wir sind ausgegangen vom Pflügen und Überprüfen unserer Einstellungen, auch indem wir unsere Gedanken und Gedankenmuster überprüfen.

Wichtig ist auch unser Verhalten und unsere Verhaltensmuster einmal so richtig durchzupflügen.

Stimmt das alles noch? Sind die Gedanken, mein innerer Dialog noch realistisch oder entspricht er noch immer dem kleinen Mädchen, dem kleinen Jungen?

Ein Beispiel: Erna denkt immer wieder: „Ich bin so allein", „Niemand mag mich" … Dabei ist sie umgeben von vier Kindern im schulpflichtigen Alter, der Ehemann ist treu und besorgt, das ist die Realität, die Wirklichkeit. Der innere Dialog ist eine jahrelange Leier (neurobiologisch ganz fest verdrahtete Nervenzellverschaltungen, die endlich aufgelöst gehörten).

Ein solcher negativer innerer Dialog ist zurückzuführen auf meist kindliche Enttäuschungen und die dadurch entstandenen Gefühle und damaligen Bewertungen. Das ist Schnee von gestern, gehört gehörig umgegraben, stimmt nicht mehr, gehört ausgetauscht durch die Sätze wie: „Mein Mann liebt mich, er ist so liebevoll ... Meine Kinder lieben mich, könnten ohne mich gar nicht sein, ich bin beliebt, ich bin geliebt, sogar die Schwiegermutter liebt mich ...".

Innere Wertvorstellungen: Bin ich okay, bist du für mich okay

Unsere inneren Wertvorstellungen prägen maßgeblich, wie wir uns selbst und andere wahrnehmen. Sie beeinflussen unsere Beziehungen, unser Selbstwertgefühl und unser allgemeines Wohlbefinden.

In diesem Kapitel möchte ich, als religiöse Psychotherapeutin, die Bedeutung dieser Wertvorstellungen im Kontext unseres Glaubens beleuchten und aufzeigen, wie sie unser Leben bereichern können.

„Bin ich okay? Bist du okay?"

Diese Frage stellt den Kern unserer inneren Wertvorstellungen dar. Sie reflektiert unser Bedürfnis nach Selbstakzeptanz und die Akzeptanz durch andere.

Im christlichen Glauben finden wir zahlreiche Hinweise darauf, wie wir diese Balance erreichen können. Die Bibel lehrt uns, dass wir alle nach dem Ebenbild Gottes geschaffen sind und daher einen unermess-lichen Wert besitzen. Diese Erkenntnis kann uns helfen, uns selbst und andere mit mehr Mitgefühl und Verständnis zu betrachten.

Beispielhafte Dialoge

Dialog 1: Glückliche Menschen

Person A: „Ich habe heute wirklich einen guten Tag gehabt. Ich fühle mich so gesegnet."

Person B: „Das freut mich sehr für dich! Was hat deinen Tag so besonders gemacht?"

Person A: „Ich habe Zeit im Gebet ver-bracht und wirklich das Gefühl gehabt, dass Gott bei mir ist. Es hat mir so viel Frieden gegeben."

Person B: „Das klingt wunderbar. Es ist so wichtig, diese Momente der Nähe zu Gott zu erleben."

Glücklichsein kann man erlernen!

Dialog 2: Depressive Menschen

Person A: „Ich fühle mich heute so niedergeschlagen. Es ist, als ob nichts richtig läuft."

Person B: „Das tut mir leid zu hören. Möchtest du darüber sprechen?"

Person A: „Ich weiß nicht, ob es hilft. Ich habe das Gefühl, dass ich einfach nicht gut genug bin."

Person B: „Du bist wertvoll und geliebt, so wie du bist. Gott hat einen Plan für dich, auch wenn es schwer zu sehen ist."

Diese Dialoge verdeutlichen, wie unsere inneren Wertvorstellungen und unser Glaube unser emotionales Wohlbefinden beeinflussen können.

Glückliche Menschen neigen dazu, ihre positiven Erfahrungen zu teilen und sich gegenseitig zu ermutigen.

Depressive Menschen hingegen kämpfen oft mit negativen Selbstbildern und dem Gefühl der Wertlosigkeit. In beiden Fällen kann der Glaube eine Quelle der Stärke und des Trostes sein.

Indem wir uns auf die biblischen Lehren besinnen und uns daran erinnern, dass wir alle nach dem Ebenbild Gottes geschaffen sind, können wir lernen, uns selbst und andere mit mehr Mitgefühl und Verständnis zu betrachten. Dies hilft uns, gesündere Beziehungen zu führen und ein erfüllteres Leben zu leben.

In den folgenden Kapiteln werden wir tiefer in die verschiedenen Aspekte unserer inneren Wertvorstellungen eintauchen und praktische Wege erkunden, wie wir diese Weisheit in unserem täglichen Leben anwenden können.

Möge dieser Weg zu einem Leben voller Frieden und göttlicher Freude führen.

Neuland entdecken: Innerer Dialog

In jedem Alter, von Jugend auf sozusagen, sollen wir Neuland entdecken, kennenlernen, pflügen, unsere inneren Dialoge überprüfen.

Überprüfung unserer inneren Dialoge im Hinblick auf unsere

- Einstellungen
- Lebensmuster
- Gedanken und Gedankenmuster
- Wünsche
- Hoffnungen
- Beziehungen
- Bereitschaften

Haben wir noch das Feuer für den Glauben? *„Schenke mir Herr ein neues Herz ..."*

Die Hand an den Pflug ... Damit ist Martha gemeint ... Wir sollen aktiv sein ... Doch schauen wir uns dieses Bild genauer an.

Es wird Erde umgepflügt, wie ist das in meiner Seele weitem Land? Da gibt es ein Haus, einen kleinen oder großen Garten, und rundherum noch weites brach liegendes Land, wo vielleicht nichts wächst oder Unkraut wächst, Land, das ich noch nie betreten habe.

Es könnten aber auch Äcker und Wiesen dort sein, abgeerntet, die Ernte ist bereits eingefahren in die Scheunen der Vergangenheit, da lagert viel oder wenig, doch Platz für eine neue Ernte ist sicherlich noch, oder ich baue eine neue Scheune für die neue Ernte.

Zuerst sollte ich jetzt den Boden umgraben, bevor ich ihn neu bepflanze, Samenkörner habe ich ja jede Menge. Damit diese Samen aufgehen, müssen sie in gutes Erdreich fallen und dazu muss ich einiges umgraben und das Düngen darf ich auch nicht vergessen. Welchen Dünger werde ich verwenden?

Was ist seelischer Dünger? Das ist das, wozu andere Mist sagen, das ist aber nicht der Mist, der manchmal in der Disko gespielt wird, sondern das, wie Paulus sagt, was andere für nichtig erachten ... Wenn ich mit Dünger die wertvollen Nährstoffe für den Garten oder das Feld meine, kann ich sagen: Meine Nährstoffe, damit in meiner Seele etwas wachsen kann, reifen kann, sind Geduld, Güte, Hoffnung, Glaube und vor allem die Liebe.

Gedanken erneuern

Wir Menschen führen ja ständig einen inneren Dialog, es ist ein inneres Zwiegespräch, das sich aus unseren verschiedensten Gedanken zusammensetzt.

Häufig ist es ein Zwiegespräch über uns selbst, zusammengesetzt aus unseren Erfahrungen, vor allem aus dem, was wir von unseren Eltern, Großeltern, Erziehungsberechtigten oder dem sonstigen Umfeld unserer Kindheit gehört und vor allem scheinbar unwiderruflich gelernt haben.

Das sind oft Sätze wie: das kannst du nicht, das wirst du nie können, du bist eben ein Versager, das darfst du nicht, was werden die Leute sagen? (vor allem die, denen du gleichgültig bist)

Wenn solche Gedanken hochkommen und wir uns mit ihnen beschäftigen, dann wird daraus oft eine Leier von Abwertungen und wir fühlen uns nur mies. **Denn unsere Gedanken bestimmen unsere Gefühle!!** Das sollten Sie sich einprägen.

Daher empfiehlt die Verhaltenstherapie, solchen Gedanken sofort mit dem Wort STOPP zu begegnen und dann z. B. denken:

- Was ich nicht kann, das kann ich lernen und das werde ich lernen, ich werde tüchtig sein ...
- Ich bin tüchtig, ich erreiche meine Ziele, der Herr ist mein Hirte, nichts wird mir fehlen ...
- Ich darf, das darf ich, ich bin jetzt erwachsen, meine roten oder grünen Haare machen mir Freude, egal, was die Leute sagen, denen ich egal bin, die mir nicht helfen, wenn es mir schlecht geht, die sollen denken was sie wollen
- Natürlich darf ich auch an Wochentagen in die Kirche gehen, und wem ich dann zu katholisch bin, der darf mich gerne haben.

Sehr wichtig erscheint mir, die Abwertungen, die wir während unserer Kindheit und auch später von anderen erfahren haben, im inneren Dialog erst gar nicht aufkommen zu lassen. Und wenn sie dann doch da sind, wenn uns diese Gedanken anfliegen, sofort STOPP denken und anschließend an etwas

Gutes, Konstruktives und Positives denken, oder noch besser laut mit jemand zu sprechen.

Natürlich ist mit dem Herrn zu sprechen jederzeit möglich und die beste Möglichkeit zu guten Gedanken zu kommen.

Was aber, wenn jemand Angst vor Gott hat, oder eben nicht gut auf ihn zu sprechen ist? Ist da meine Einstellung zu Gott vielleicht zu erneuern?

Anstatt „erneuern" hat mir mein Mann das Wort „Entwicklung" zugeworfen, ich habe es aufgefangen, es ist wirklich gut. Wir brauchen nicht alles von Grund auf neu zu gestalten, manches sollen wir sogar so sein lassen, wie es ist. Wenn es gut ist, wenn es sich bewährt hat, wenn es sich in Krisen und schweren Situationen bewährt hat, dann ist es ja ein Schatz, eine gelungene Lebens- bewältigungsstrategie. Das, was vielleicht noch hilfreicher sein kann ist, dass wir auf dem guten Weg voranschreiten, und das heißt auch sich entwickeln.

Veränderte Lebenssituationen – Neubewertung der eigenen Person

Das Wort „entwickeln" lässt viele positive Bilder zu. Sie haben Ihr Baby vor 3 Stunden gewickelt, jetzt ent-wickeln Sie es, Sie schauen, ob Sie die Windeln erneuern müssen. So kann es im übertragenen Sinn auch bei uns sein.

Wenn wir uns auswickeln aus unseren verschiedensten Bandagen, die uns festhalten – aus einem selbstschädigenden Lebensstil, z. B. aus einer Abhängigkeit von Menschen oder aus einer Abhängigkeit von Beruhigungsmitteln oder gar Suchtmitteln –, dann sehen wir plötzlich die mehr oder weniger verdauten Dinge ...

Hier wird Entwicklung zum Wachstum, auf der spirituellen Ebene geschieht inneres Wachstum.

Wir sind ausgegangen vom Pflug, und was ist hier nahe liegender als das Gleichnis:

„etliches fiel auf ein gutes Land und brachte Frucht, die da zunahm und wuchs, und etliches trug dreißigfältig, und etliches sechzigfältig, und etliches hundertfältig"

Der Same war auf guten Boden gefallen. Was ist ein guter Boden? Es ist ein gut gedüngter, lockerer Boden, tief hinabreichend bearbeitet. Wer von Ihnen einen eigenen Garten oder gar ein eigenes Feld hat weiß, dass es auch Unkrautfrei sein soll. Gerade die Sache mit dem Unkraut, wenn wir die Wurzeln nicht entfernen, wächst das Unkraut allzu rasch wieder nach.

Wie ist das mit unserem inneren Garten, was würden Sie als Unkraut bezeichnen?

Ich würde die vielen schlechten Gewohnheiten, auch die unnötigen Ängste und Kleinlichkeiten als Unkraut in unserer Seele bezeichnen. Dieses Unkraut überwuchert manchmal alles, die Blumen, die Kräuter, das Gemüse, und da sind dann auch noch die Schnecken, die erinnern mich an das Getier, von dem die Hl. Theresia spricht.

Im Gleichnis geht es um die Saat, also letztlich um Getreide, aus dem das lebensnotwendige Brot entsteht. Der Boden soll locker, frei von allem was erstickt bis tief hinabreichend sein, damit er aufnahmebereit ist für die gute Saat.

Was heißt das psychologisch? Ohne diese Aufnahmebereitschaft ist kein psychisches Wachstum, keine seelische Entfaltung, kein Wandel, keine Erneuerung, keine Heilung möglich. (Vgl. Hanna Wolff, Jesus als Psychotherapeut, Radius-Verlag 1986, S. 93)

Wir können uns unsere Seele als einen großen, sehr großen Garten vorstellen. Ich möchte die Vorstellung der Hl. Theresa erweitern, indem ich außer der Seelenburg mit ihren vielen Gemächern noch rund herum um die Burg einen unüberschaubar großen Garten annehme. Aber genauso wie die Größe der Burg von Mensch zu Mensch verschieden ist, ist auch der Garten verschieden groß.

Gott liebt jeden Menschen, jede Seele – auch dann, wenn in unserer Seele manchmal Chaos herrscht, oder anders ausgedrückt, die Burg verwüstet ist und der Garten verwildert oder ungepflegt.

- Wir wollen daher „Neuland unter den Pflug" nehmen – jetzt und heute!
- Wir wollen „Neues säen" – jetzt und heute!
- Wir wollen unser Land (uns) pflegen und nicht verwildern lassen – jetzt und später!
- Wir wollen „Neues ernten" – jetzt und heute!

Wir müssen unseren Garten pflegen und ihn jung erhalten – Stillstand ist Missstand

Neuland Alter

Anfangs dachte ich, ach, Neuland „Alter" ist überhaupt kein Thema für mich, ich werde einfach älter und freue mich, dass ich noch so viel tun kann.

Andererseits war Alter schon immer ein Thema für mich. Mag sein, weil ich bei meinen Großeltern aufgewachsen bin, die ich ob ihres Wissens, Könnens und ihrer Lebenserfahrung bewundert habe. So habe ich während des Studiums und auch später die Gesellschaft alter Menschen gesucht und es geschätzt, wenn sie mit mir geplaudert haben.

Für mich ist das Alter etwas Schönes, ich liebte immer ältere Menschen. Das ist es wohl, warum ich keine Ängste im Bezug aufs Alter habe.

Nun habe ich mich mit dem Alter doch auseinandergesetzt, habe alles Mögliche darüber gelesen und mit klugen älteren Menschen darüber gesprochen. Da habe ich nun festgestellt, dass es eine erschreckend große Zahl Menschen gibt, die das Alter komplett negativ sehen. Die Weisheit des Alters, die große Lebenserfahrung wird nicht mehr geschätzt, viele sehen nur die Hinfälligkeit, bemühen sich erst gar nicht, auf die alten Menschen einzugehen. Warum ist das so?

Das ist auch ein Thema für jüngere bis mittlere Jahrgänge, nicht nur für ältere Menschen.

Wer negativ über alte Menschen oder das Alter denkt oder redet, redet sich um den eigenen Kopf. Jeder wird auch einmal alt. Wir sind uns viel zu wenig bewusst, welche Macht unsere Gedanken haben.

Erinnern Sie sich an die Geschichte von den beiden Wölfen? Jene Vorstellungen, welche wir mit guten Gedanken füttern, werden bedeutsam, werden groß und stark. Nichts macht schneller alt als der immer vor-schwebende Gedanke, dass man älter wird. Wer sich wegen seines Alterns sorgt, fördert es! Die Runzeln mehren sich, die Haare ergrauen rascher, die Beschwerden nehmen zu, weil alle negativen Gemütsschaltungen lebensverkürzend und altersvergällend wirken.

Ein Kennzeichen solcher negativen neuro-nalen Netzwerke (oder Psycho-Schaltungen) besteht darin, dass sich jemand seelisch abriegelt, einkapselt oder gedanklich ver-steinert, dass einer starr an Meinungen fest-hält und Einwänden der Vernunft unzugäng-licher wird.

Eine liebe Freundin hat mir geschrieben: *„Solche Menschen brauchen eine Begeisterungskur. Dieses Lebenselixier bewahrt uns vor der vorzeitigen Vergreisung. Solange ein Mensch sich für etwas begeistert, bleibt er jung. Von Ideen entflammt und angetrieben, sieht er außerdem um Jahre jünger aus.“*

Ein zweites Kennzeichen altmachender gedanklicher Fehlschaltungen ist das selbstzufriedene oder bedauernde Zurückblicken auf die Vergangenheit. Wer rückwärts orientiert ist, zeigt, dass er glaubt, vor sich keine Zukunft mehr zu haben. Während jener, der allseits interessiert geblieben ist, den Blick auf Dinge richtet, die er jetzt und fernerhin schaffen und erreichen will.

Wer die Gegenwart übersieht, vermag den Augenblick nicht auszuschöpfen, sondern zehrt von Gewesenem und Verwesendem. Dies gibt natürlich nicht für jene, die das Interesse an der Vergangenheit mit einer gleich lebendigen Teilnahme an den Geschehnissen der Gegenwart verbinden.

Geistige Jugend bringt auch die Lektüre
geistreicher Schriften.

Neubewertung des Lebens und des Älterwerdens

„Der Geist ist es, der lebendig macht; das Fleisch nützt nichts. Die Worte, die ich zu euch gesprochen habe, sind Geist und sind Leben." (Joh. 6,63)

Wollen wir also den Blick nicht auf das Altern richten, sondern auf die Möglichkeit der Erneuerung durch den Geist.

Ein anderes Schriftwort wird oft missverständlich interpretiert: *„Wenn ihr nicht werdet wie die Kinder ..."* Ich glaube, hier geht es eher um die lebendige Dynamik der Kinder, um ihren Wissensdurst, ihre Begeisterung, ihr Interesse an allem und jedem. Es geht auch um die Aufnahmebereitschaft und Beweglichkeit des Gemüts.

Jene Freundin schrieb mir auch: *„Jeder ist*
- *so jung wie seine Erwartungen oder so alt wie sein Pessimismus*
- *so jung wie sein Selbstvertrauen oder so alt wie seine Lebensfurcht*

– *so jung wie seine freudige Hingabe oder so alt wie sein bissiger Spott*
– *so jung wie sein Glaube oder so alt wie seine Zweifel."*

Nicht die Zeit ist der Feind des Menschen, sondern die negativen Gedanken banger Sorge, quälenden Zweifels, lähmenden Misstrauens und Neidens, der Furcht und des müden Verzichts.

Eines der besten Mittel Neuland zu erobern ist die Erneuerung durch den Geist der Liebe. Solange wir lieben, bleiben wir jung. Auch die Nächstenliebe macht uns jünger. Solange Wesen um uns sind, für die zu sorgen, zu denken, zu schaffen, die zu beglücken uns Freude macht, wird uns das Alter nicht berühren.

Zum Glück ist es auf jeder Lebensstufe möglich, auf diese lebenserneuernde Einstellung und Haltung umzuschalten.

Alter als geistige (geistliche) Aufgabe

Irgendwann habe ich den Satz gehört: *„Das Alter wird ein spirituelles Leben sein, oder es wird kein lebenswertes Leben sein."*

C.G. Jung schreibt, dass wir die erste Lebenshälfte, und er setzt sie so um die 40 Jahre an, mehr nach außen leben und das sei normal und gut so. Aber nach der Lebensmitte sollten wir uns mehr nach innen richten.

Kürzlich hörte ich von Hochschulprofessor Wehrmann den Satz: *„Die Materie hat nur gestaltende Kraft, der Geist hat transformative, das heißt verwandelnde Kraft."*

Lassen wir uns von dieser verwandelnden Kraft des Heiligen Geistes erfassen, damit wir die zweite Lebenshälfte noch besser gestalten können als die erste, damit wir noch alle unsere Ziele, das Evangelium wirklich zu leben auch tatsächlich erreichen können.

Wir sollten in der zweiten Lebenshälfte noch immer bereit sein zu lernen. In meinem Stammbuch steht der Vers: *„Lerne, als ob du ewig leben solltest, lebe, als ob du morgen sterben solltest. "*

Die Hirnforschung bestätigt die Wichtigkeit dieses Lernens. Hüther schreibt, wenn ein Mensch *„zu der inneren Überzeugung gelangt, alles, was es nun noch an Neuem wahrzunehmen gibt, bereits zu kennen"*, dann sei er in Gefahr, die in ihm selbst oder in seiner Lebenswelt stattfindenden Veränderungen nicht wahrzunehmen und damit die Weiterentwicklung der Persönlichkeit zu verhindern.

Ein Beispiel: Herr Meister ging mit 65 Jahren in Pension, er war immer ein fleißiger, verlässlicher Angestellter und arbeitete zur Zufriedenheit seiner Chefs. In der Pension wollte sich Herr Meister einfach ausruhen, das stünde ihm doch zu nach jahrzehntelangem Arbeiten.

Aber das Ausruhen machte ihm nicht so recht Freude, ihm fehlte etwas. Seine Frau versuchte ihn deshalb, wo sie konnte, zu beschäftigen, er sollte einkaufen gehen, dort etwas, da etwas reparieren und sich um seine Enkelkinder kümmern, indem er sie von der Schule abholte, all das machte nur kurze Zeit Freude. Inzwischen kränkelte er dahin, wurde immer vergesslicher ...

Auf neue geistige Aktivitäten aufmerksam gemacht, meinte er, dass er neue Wahrnehmungen zur Aufrechterhaltung seines inneren Gleichgewichtes nicht mehr bräuchte. Das Neue, Fremde interessierte ihn nicht mehr, ja er fühlte sich sogar bedroht von Neuem und Fremdem.

Hüther: *„Solche Menschen hören auf, die in ihnen selbst oder in ihrer Lebenswelt stattfindenden Veränderungen wahrzunehmen. Ihre einmal entwickelten Haltungen und Überzeugungen sind dann als so starke innere Bilder in ihrem Frontalhirn verankert, dass sie den Abruf und damit den Abgleich einzelner, oft sogar aller anderen in den assoziativen Rindenbereichen bereits angelegten Wahrnehmungsbilder verhindern. Sie lassen sich dann im wahrsten Sinn des Wortes durch nichts mehr* *'beeindrucken'* ... " (Gerald Hüther, Die Macht der inneren Bilder, S. 78 f)

Wir müssen auch im Herbst unseres Lebens aktiv bleiben und „unser Land unter den Pflug nehmen".

Leben als lebenslanges Lernen

„Es dürfte viele überraschen, dass die Abnahme der Nervenzellen im üblichen Altern nur etwa 10 Prozent beträgt und dass Altern nicht nur Abbau bedeutet, sondern auch Umbau und Aufbau. Obwohl viele Prozesse langsamer verlaufen, bleibt das Gehirn – und damit der Mensch – lernfähig bis ans Lebensende." (Herschkowitz, Lebensklug und kreativ, Herder, S. 10)

Genau wie die vorangehenden Lebensabschnitte besteht das Alter aus einer Kombination von Kompetenzen und Einschränkungen. Die Tatsachen, dass es Wettrennen für 100-Jährige gibt und dass der Schweizer Bergführer Ulrich Inderbinen sein geliebtes Matterhorn im Alter von 90 Jahren erklomm, können nicht darüber hinwegtäuschen, dass das Altern mit einem gewissen Verlust von Mobilität verbunden sein kann. Auch die Sinnesleistungen lassen bei manchen nach. Denkprozesse nehmen mehr Zeit in Anspruch, man lernt nicht so schnell wie früher.

Gleichzeitig aber öffnen gesammelte Lebenserfahrungen und die Fähigkeit zum lebenslangen Lernen Möglichkeiten zur Kompensation und zu einer erweiterten und vertieften Denkweise, die als „Weisheit" bezeichnet wird.

Im Kreis der Sprache und Kommunikation steigern sich die Fähigkeiten bis ins hohe Alter. Die Zunahme an Erfahrungen mit anderen Menschen im kulturellen Umfeld ermöglicht eine gesteigerte Fähigkeit, sich in andere Menschen hineinzuversetzen und sich auszudrücken.

Emotionalität und Temperament bleiben größtenteils erhalten. Menschen, die Wärme und Mitgefühl ausstrahlen, behalten diese Eigenschaft ihr Leben lang. Menschen, die schnell aufbrausen und sich über kleine Missgeschicke im Alltag ärgern, tendieren dazu, weiterhin mit Ungeduld darauf zu reagieren. Lernprozesse sind im Alter unterschiedlich betroffen. Das Arbeitsgedächtnis, das Information bereithält, während sie benutzt oder gespeichert wird, kann an Leistungsfähigkeit verlieren. Es dauert länger, um Fakten zu lernen oder Fertigkeiten zu erwerben. Doch können Erinnerungen lange im Gedächtnis bleiben, wenn sie einmal richtig gespeichert sind.

Kreativität ist eine Grundfähigkeit des Menschen, die keinesfalls nur jüngeren Menschen vorbehalten ist. Es gibt viele Beispiele von Menschen, deren Schöpfungskraft im höheren Alter nicht nachgelassen hat. Goethe hat den zweiten Teil seines „Faust" kurz vor seinem Tod mit 83 Jahren vollendet ...

Die Persönlichkeit entwickelt sich dank immer neuer Erfahrungen bis ans Lebensende. Die Handlungsmöglichkeiten sind im Alter unter Umständen wegen körperlicher Behinderungen eingeschränkt. Dafür fühlen sich viele ältere Menschen von früheren Erwartungen und Konventionen befreit. Sie handeln nach ihren eigenen Grundsätzen.

Ältere Menschen haben etwas, was die Jugend nicht haben kann: einen unermesslichen Erfahrungsschatz. Dazu gehören die lebenslange Zunahme der sprachlichen Fähigkeiten, die erweiterten Möglichkeiten, Gefühl und Wissen in Einklang zu bringen, und die täglichen Auseinandersetzungen mit anderen Menschen und ihren Ideen und Ansichten.

Daraus erwächst die Voraussetzung für eine umfassende, abwägende Urteilsfähigkeit, die zum Begriff der Weisheit gehört.

Viele ältere Menschen empfinden das Alter als Bereicherung, weil sie in dieser Lebensphase erstmals Zeit finden, sich intensiver mit sich, ihrer Umwelt und mit den großen Fragen des Lebens zu beschäftigen.

Die moderne Neurowissenschaft hat nach-
gewiesen, dass beim üblichen Altern nur
rund 10 Prozent der Nervenzellen im
Gehirn im Verlauf des Lebens verloren
gehen. Ganze 90 Prozent der Nervenzellen
bleiben bis ans Lebensende erhalten. Mehr
noch: Bis ins hohe Alter bilden sich neue
Nervenzellen im Gehirn.

Bei der Alzheimer-Krankheit gehen allerdings unverhältnismäßig viele Nervenzellen zugrunde und es werden sogenannte

Amyloide Plaques im Gehirn gebildet, die die noch vorhandenen Nervenzellverbindungen blockieren.

Die Hirnforschung hat entdeckt, dass das Gehirn seine Plastizität, sprich seine Veränderbarkeit durch neue Nervenzellen und neue neuronale Vernetzungen, bis ins hohe Alter behält. Auch wenn bei manchen Menschen die Aktivität der Nervenzellen etwas verlangsamt wird, führen geistige Aktivität, aber auch, wie man inzwischen weiß, körperliche Aktivität dazu, dass neue Nervenzellen wachsen und diese neue Kontakte im neuronalen Netzwerk knüpfen können.

Lernen ist also lebenslang möglich. Selbst wenn durch einen Schlaganfall Hirnzellen zugrunde gehen, ist es möglich, allerdings nur durch mühsames Üben, die entstandenen Ausfälle zu kompensieren. So können Lähmungen eines Armes oder Beines durch „beinhartes" Üben ihre Funktion wieder erhalten.

Lebensfreude und Kreativität können sich lebenslang erhalten und der Mensch bleibt –

auch im hohen Alter – fähig, Neues zu lernen. Denn in unserem Gehirn finden ständig Aufbau- und Abbauprozesse statt. Wenn wir Neues lernen, bilden sich neue Schaltkreise im Gehirn. Wenn wir alte Muster – seien sie gedanklich, emotional oder körperlich – nicht mehr nutzen, werden alte Schaltkreise abgebaut.

Die stetig wachsende Lebenserfahrung ist eine wichtige Quelle, aus der ältere Menschen schöpfen können. Von frühester Kindheit an verarbeitet ein Mensch Ereignisse in seinem Leben auf eine ganz individuelle Weise. Ein Ereignis wird zu einem persönlichen Erlebnis. Das bedeutet, jedes menschliche Gehirn ist einmalig. Sie können gewiss sein, dass es nie ein solches Gehirn wie das Ihre gegeben hat und dass es nie wieder ein solches geben wird.

Lebensqualität im Alter: in sich wohnen, in sich ruhen

Das Leben kann so schön sein, besonders wenn wir lernen, in uns selbst zu wohnen und mit uns selbst zu ruhen. In einer Zeit, in der wir älter werden, stehen wir oft vor der Herausforderung, innere Zufriedenheit und Gelassenheit zu finden. Diese Veränderungen stellen uns vor neue Fragen über unser Selbstverständnis, unsere Beziehungen und unsere Spiritualität.

Doch genau hier bietet sich die Chance, in eine tiefere Dimension des Lebens einzutauchen – eine Dimension, in der wir uns mit uns selbst versöhnen, Frieden finden und das Leben voller Freude und Dankbarkeit erfahren können.

Der Wert der inneren Heimat

Wenn wir von „in sich wohnen" sprechen, meinen wir nicht nur einen physisch sicheren Raum, sondern auch eine innere Heimat, die uns bei jedem Schritt des Lebens begleitet. Gerade im Alter, wo das

Leben uns oft mit Verlusten und Veränderungen konfrontiert, ist es von entscheidender Bedeutung, diese innere Heimat zu kultivieren. Hier sind einige Wege, wie wir diese innere Zuflucht aufbauen können:

1. Selbstakzeptanz und Dankbarkeit

Lernen Sie, sich selbst in all Ihren Facetten zu akzeptieren. Jeder Mensch hat seine Schwächen und Stärken. Indem Sie sich selbst annehmen, gewinnen Sie einen tiefen, inneren Frieden. Eine regelmäßige Dankbarkeitspraxis für das, was man hat (z. B. süße Enkelkinder), kann das Führen eines Dankbarkeitstagebuchs sichtbar machen. Oder einfach das bewusste Nachdenken über die positiven Aspekte Ihres Lebens helfen Ihnen dabei, den Blick auf das Gute im Leben zu lenken.

2. Rituale der Stille

Schaffen Sie sich tägliche Rituale der Stille, in denen Sie zur Ruhe kommen, Ihren Atem beobachten oder meditieren. Diese Momente helfen Ihnen, die Hektik des Lebens hinter sich zu lassen und in den gegenwärtigen Augenblick einzutauchen. Durch Meditation oder stilles Gebet können Sie eine tiefere Verbindung zu Ihrem inneren Selbst und zu Gott aufbauen.

3. Lebensgeschichten teilen

Geschichten erzählen, sei es durch Schreiben oder im Gespräch, ist eine wunderbare Möglichkeit, die eigene Lebensreise zu reflektieren. Nehmen Sie sich Zeit, um über Ihre Erfahrungen nachzudenken, und teilen Sie diese mit geliebten Menschen oder in einer Gemeinschaft. Hierdurch können Sie nicht nur Ihre eigene Perspektive festigen, sondern auch andere inspirieren.

Gelassenheit im Angesicht der Vergänglichkeit

Mit dem Alter kommen oft Fragen nach der Vergänglichkeit und der Bedeutung des Lebens. Wie können wir die Veränderungen des Körpers und des Geistes akzeptieren, ohne in Furcht oder Traurigkeit zu verfallen? Gelassenheit zu entwickeln ist ein Schlüssel, um die innere Ruhe zu finden.

1. Achtsamkeit und Präsenz

Lernen Sie, im Hier und Jetzt zu leben. Achtsamkeit bedeutet, den gegenwärtigen Moment vollständig zu erleben, ohne von der Vergangenheit oder der Zukunft abgelenkt zu werden. Vertrauen Sie darauf, dass das Leben stets in Bewegung ist und dass jede Phase, ob sie freudig oder herausfordernd ist, ihren eigenen Wert hat.

2. Der Glaube als Anker

In schwierigen Zeiten kann Ihr Glaube als Anker fungieren. Verinnerlichen Sie Gebete oder spirituelle Beteuerungen, die Ihnen

Zuflucht bieten. Sie erinnern uns daran, dass wir nicht allein sind und dass eine höhere Quelle uns trägt und unterstützt. Psychologische Erkenntnisse belegen, dass ein starker Glaube die Resilienz im Alter fördert und unsere Lebensqualität steigert.

3. Die Kunst des Loslassens

Lernen Sie, loszulassen – sei es von Erwartungen, Ängsten oder alten Mustern, die

Ihnen nicht mehr dienen. Dies kann eine befreiende Erfahrung sein. Loslassen schenkt Raum für neue Möglichkeiten und bringt Sie dazu, die Schönheit des Lebens in seiner fließenden Form zu akzeptieren.

Ein erfülltes Leben im Alter

Das Leben im Alter kann voller Schönheit und Erfüllung sein, wenn wir den Mut haben, uns auf neue Wege einzulassen und tief in unser Inneres einzutauchen.

Indem wir in uns wohnen und in uns ruhen, können wir die Lebensqualität fördern, die wir uns wünschen. Wir müssen es zulassen, mit jungen Menschen in Kontakt zu treten. Wir müssen es zulassen, neue Ideen und neue Menschen in unser Leben zu lassen. Nur dann bleibt Einsamkeit und Verbitterung draußen vor unserer Tür.

In dieser inneren Reise kann das Licht des Glaubens uns den Weg beleuchten, uns helfen, mit Zuversicht und ohne Angst vor dem Leben voranzuschreiten.

Glauben Sie daran, dass die letzten Jahre
Ihres Lebens eine Zeit des Wachstums, der
Freude und des tiefen inneren Friedens sein
können. Betrachten Sie das Alter nicht als
einen Zeitraum des Rückzugs, sondern als
eine wundersame Phase des reinsten Seins.

Es ist Ihre Zeit, in der Sie die volle Pracht Ihres Lebens auskosten und Ihre Authentizität zelebrieren können.

Mutig und gelassen – dies ist das Herzstück eines erfüllten Lebens im Alter. Lassen Sie uns jeden Tag als eine neue Gelegenheit sehen, das Licht in uns zu entdecken und es mit anderen zu teilen, denn das Leben kann wirklich so schön sein!

Stille, aber auch körperliche Aktivität und Sinnorientiertes Handeln

Die Welt um uns herum ist oft ein Kaleidoskop aus Geräuschen, Eindrücken und Bewegungen, die uns von den subtilen Stimmen unseres Inneren ablenken. Doch in der Stille, in den Momenten der Ruhe, offenbart sich die Essenz unseres Selbst.

Dieses Kapitel widmet sich der Kraft der Stille, der Bedeutung körperlicher Aktivität und dem Streben nach sinnorientiertem Handeln – eine Triade, die uns dabei hilft, ein erfülltes Leben zu führen.

Stille als Quelle der Einsicht

Stille ist nicht einfach das Fehlen von Lärm; sie ist ein Raum der Reflexion, der im hektischen Alltag oft schwer zu finden ist. Wenn wir uns in die Stille zurückziehen, lernen wir, die wertvollen inneren Gespräche zu führen, die uns mit unserem wahren Selbst verbinden. Hier beginnt die Reise zu uns selbst.

Ein alter Weiser sagte einmal: *„Die Stille ist der Ort, an dem das Ineinander der Seele und des Geistes geschieht."* In diesen kostbaren Momenten der Stille geschieht oft etwas Magisches: Wir erkennen den Klang unseres eigenen Herzens und dessen Bedürfnisse.

Die innere Stille öffnet Türen zu einer tieferen Wahrnehmung unserer Gefühle, Gedanken und Spuren im Leben. Sie ermöglicht es uns, aus dem Lärm des Alltags auszutreten und hinzusehen, wohin wir unser Leben lenken möchten.

Körperliche Aktivität
Die Brücke zur Stille

Körperliche Aktivität führt uns oft näher zur inneren Ruhe, als wir annehmen. Wenn der Körper in Bewegung ist, können die Gedanken stiller werden. Eine einfache Wanderung im Wald, das Gefühl der Erde unter den Füßen oder das sanfte Fließen der Bewegung beim Yoga können diesen Zustand der Stille fördern.

Ich erinnere mich an einen Morgen, an dem ich auf die Wiese hinter meinem Haus ging. Die Sonne lugte zaghaft über den Horizont, und ein sanfter Wind spielte mit meinen

Haaren. Ich begann, durch den Garten zu joggen, und während ich lief, schien die Welt um mich herum zu verschwinden. Jeder Schritt fühlte sich an wie ein Gebet – eine meditative Verbindung zwischen meinem Körper und der Schöpfung. Die rhythmische Bewegung und der beruhigende Atem verstärkten meine innere Stille. In dieser Stille eröffnete sich ein Raum, in dem ich sinnvolle Einsichten empfangen konnte.

Sinnorientiertes Handeln
Die Essenz des Lebens

Wir leben in einer Zeit, in der es leicht ist, sich in materiellen Zielen und äußeren Leistungen zu verlieren. Sinnorientiertes Handeln fordert uns jedoch auf, unser Handeln an Werten auszurichten, die über das banale Tagesgeschäft hinausgehen. Wenn wir in Stille sind und unseren Körper aktiv nutzen, finden wir den richtigen Pfad zu unserer Bestimmung.

Hier spielt der Glaube eine zentrale Rolle. Unsere religiöse Überzeugung kann uns leiten und uns helfen, den Sinn hinter unseren Taten zu erkennen. Wenn wir im Einklang mit unseren inneren Werten leben, finden wir Freude und Freiheit in unserem Handeln.

Stellen Sie sich vor, wie Sie im Garten arbeiten. Bei jeder Grabung des Bodens, bei jedem Setzen der Pflanzen wird Ihre Seele berührt. Diese Handlungen sind nicht nur physische Tätigkeiten, sie sind Ausdruck

Ihrer Liebe zur Natur und Ihrer Hingabe an die Schöpfung. Das bewusste Achten auf diese Momente der Sinnhaftigkeit erfüllt das Leben mit Bedeutung.

Die Symbiose von Stille, Bewegung und Sinn

Wenn wir also Stille, körperliche Aktivität und sinnorientiertes Handeln in Einklang bringen, erschaffen wir eine Lebensweise, die sowohl inneren Frieden als auch äußeres

Wachstum fördert. Diese Symbiose lässt uns in jeder Phase unseres Lebens florieren.

Beginnen Sie mit kleinen Schritten, um diese Elemente zu integrieren.

Nehmen Sie sich beispielsweise täglich 10 Minuten Zeit für Stille.

- Setzen Sie sich an einen ruhigen Ort, atmen Sie tief ein und lassen Sie Ihre Gedanken zur Ruhe kommen.
- Anschließend gönnen Sie sich eine kurze körperliche Aktivität – sei es ein Spaziergang, Yoga oder einfach nur Dehnübungen.

– Nach diesem Moment der Achtsamkeit fragen Sie sich: Welche Absicht möchte ich heute setzen?

Auf diese Weise eröffnen Sie einen fruchtbaren Boden für sinnvolle Taten.

Der Weg zu einem erfüllten Leben

Der Weg zu einem erfüllten Leben im Alter ist ein Weg, der uns einlädt, in uns selbst zu ruhen und im Einklang mit unserer Umgebung zu stehen. Stille, Bewegung und sinnorientiertes Handeln sind die Schlüssel zu dieser inneren Harmonie.

Wenn wir nach dem leben, was uns wirklich erfüllt, dann spüren wir, dass das Leben tatsächlich schön sein kann – heute und jeden Tag.

Glaube und Erfüllung

Auch der Glaube ist eine kraftvolle Quelle der Erfüllung, die uns in verschiedenen Lebenslagen begleitet. In der Stille finden wir oft Zugang zu einem tiefen, spirituellen Wissen, das uns zeigt, wie der Glaube unser Leben bereichern kann.

Glaube entfaltet schöpferische Kraft in uns, die es ermöglicht, mit Zuversicht und Hoffnung auf die Herausforderungen des Lebens zu reagieren. Durch körperliche Aktivität und tiefen Glauben erleben wir häufig eine gesteigerte Lebensqualität und Zufriedenheit.

Die Überzeugung, dass unsere Taten einen größeren Sinn haben und im Einklang mit einer göttlichen Absicht stehen, schenkt unserem Leben eine tiefere Dimension. In Momenten der Bewegung und der Achtsamkeit können wir unser Herz für göttliche Führung öffnen. Wir werden Zeugen, wie unser Glaubensweg uns dazu inspirieren kann, das Gute in anderen zu suchen und zu fördern.

Diese Erfüllung, die aus der Synthese von Glaube, innerer Ruhe und aktivem Handeln entsteht, wird unser Leben nicht nur bereichern, sondern uns auch ein Gefühl von Vollständigkeit und Glückseligkeit vermitteln, das bis ins hohe Alter anhält. Wenn wir mit dem Glauben in unserem Herzen leben, wird jede Handlung, egal wie klein, zu einem Akt der Dankbarkeit und der Hingabe – und das macht das Leben wahrhaftig schön.

Diese Triade der inneren Ruhe, der Bewegung und des sinnvollen Handelns wird uns nicht nur helfen, das Leben im Alter mehr zu schätzen, sondern auch die Fülle der Möglichkeiten anzunehmen, die uns die Schöpfung anbietet. Gehen Sie mit Freude auf diese Reise: Lassen Sie Stille und Glauben in Ihr Herz einziehen, bewegen Sie sich, und bedenken Sie, Gutes am Nächsten zu tun.

Weisheit und Vollendung – „Letzte Verwirklichung der Daseinsgestalt"

In der fortwährenden Suche nach Sinn und Bedeutung bilden Weisheit und Vollendung zwei zentrale Ziele, die es zu erreichen gilt. Sie sind die Eckpfeiler unseres Daseins und bilden den Schlüssel zu einem erfüllten, ganzheitlichen Leben.

Während Weisheit oft in der Reflexion, im Lernen und im Verständnis der Welt um uns herum verankert ist, symbolisiert Vollendung den Zustand, in dem wir die Essenz unseres Seins vollständig verwirklichen.

In diesem Kapitel werden wir die Beziehung zwischen diesen beiden Konzepten vertiefen und ergründen, wie sie zusammenwirken, um die ultimative Verwirklichung des Daseins zu ermöglichen.

104

Weisheit als Wegweiser

Weisheit ist eine lebendige Kraft, die uns auf unserer Lebensreise begleitet. Sie ist weit mehr als akademisches Wissen oder eine Ansammlung von Informationen; Weisheit ist die Fähigkeit, aus Erfahrungen tiefere Einsichten zu gewinnen und ihnen einen bedeutungsvollen Platz in unserem Leben zuzuweisen.

Im Laufe der Jahre sammeln wir unschätzbare Erfahrungen, die wie Bausteine eine solide Grundlage bilden. Erlebnisse – ob Schmerz, Freude, Verlust oder Liebe – formen unser Verständnis von uns selbst und der Welt um uns. Es liegt in unserer Natur, aus diesen Erfahrungen zu lernen und die Möglichkeiten zu nutzen, sie integrativ und weise in unser Handeln einzubringen.

Weisheit entfaltet sich jedoch nicht nur aus der Vergangenheit. Sie lebt auch in der Offenheit und Neugier für das, was neu ist. In einem betriebsamen, sich ständig verändernden Universum lässt sich Weisheit nur dann wirklich entfalten, wenn wir bereit sind, uns den Herausforderungen des

Lebens mit einem unvoreingenommenen Geist zu stellen. Weisheit fordert uns auf, Fragen zu stellen und über die gegebenen Antworten hinauszudenken.

Er hatte viel Gegenwind in seinem Leben, aber genau das machte ihn stark und weise.

Vollendung als Ziel der Existenz

Im Gegensatz dazu stellt Vollendung das ultimative Ziel unseres Daseins dar. Sie verkörpert den Zustand, in dem wir in Einklang mit unserem inneren Selbst leben und die gesamte Fülle unseres Seins ausdrücken. Vollendung ist mehr als das Erreichen äußerer Ziele; sie ist der kreative Ausdruck unserer inneren Wahrheit und des Göttlichen in uns.

Vollendung ist nicht an einen bestimmten Moment gebunden, sondern vielmehr ein kontinuierlicher Prozess des Wachsens und Entfaltens – ein Prozess, der darauf abzielt, in Übereinstimmung mit unserer wahren Natur zu leben. Sie manifestiert sich in der Art und Weise, wie wir mit anderen interagieren, wie wir die Welt um uns herum erleben und wie wir die Liebe und das Licht in unser tägliches Leben einfließen lassen.

Vollendung bedeutet, im Hier und Jetzt zu leben, die Einzigartigkeit jedes Moments zu schätzen und das Leben als Ganzes zu umarmen.

Ein zentraler Aspekt der Vollendung ist das Loslassen von Anhaftungen. Oft binden wir uns an Erwartungen und Vorstellungen, die uns von unserem wahren Wesen entfremden. Diese Anhaftungen – materieller, emotionaler oder mentaler Natur – hindern uns daran, die Erfahrung von Vollkommenheit zu machen.

Der Akt des Loslassens ist essenziell; er befreit uns von den Fesseln, die Herz und Geist beschränken

Loslassen – als höchste Vollendung

Die Synthese von Weisheit und Vollendung

Die Verbindung zwischen Weisheit und Vollendung liegt im harmonischen Zusammenspiel dieser beiden Aspekte des Seins.

Weisheit nährt den Weg zur Vollendung, indem sie uns lehrt, bewusst zu leben und die Lehren des Lebens zu entschlüsseln. Im Gegenzug führt uns die Vollendung zu einem Zustand, in dem wir die Weisheit in jedem Gedanken, jedem Atemzug und jeder Handlung verkörpern.

Um diese Verbindung zu fördern, ist es wichtig, uns selbst die Freiheit zu geben, zu wachsen und zu lernen. Wir müssen bereit sein, die Herausforderungen des Lebens als Chancen zur persönlichen und spirituellen Entwicklung zu betrachten. Durch die Integration von Weisheit und Vollendung in unsere Lebensführung öffnen wir uns für tiefere Dimensionen des Seins.

Auf dem Weg zur Verwirklichung des Seins

Die Reise zur letzten Verwirklichung des Daseins ist eine tiefgreifende und oft herausfordernde. Sie erfordert inneres Streben, Reflexion und das Engagement für ein Leben, das mit Absicht und Mitgefühl gefüllt ist. Wenn wir uns auf diese Reise begeben, bieten sich uns unendliche Möglichkeiten, die Fülle unseres Daseins zu erfahren und die Welt durch die Linse der Weisheit zu betrachten.

Weisheit und Vollendung sind keine endlichen Ziele, sondern lebendige Elemente unseres Seins, die wir ständig erforschen dürfen. Sie erinnern uns daran, dass das Leben – in all seiner Flüchtigkeit – eine wertvolle Gelegenheit zur evolutionären Entfaltung ist.

Lassen Sie uns mit Herz und Verstand in das Abenteuer des Lebens eintauchen, das uns durch die spannendsten Höhen und herausforderndsten Tiefen führt. Denn letztendlich ist die Suche nach Weisheit und der Weg zur

Vollendung die wahre Reise des menschlichen Lebens, die uns einlädt, immer tiefere Schichten unseres Seins zu entdecken und zu verwirklichen.

Glaube an Dich und liebe Dein Leben!
Es ist es wert, denn …
DAS LEBEN KANN SO SCHÖN SEIN

Ihre Dr. med. Hedwig Uecker Geischläger